Überarbeitete Neuauflage des im April 2020 erschienenen Buches
Das besondere Kind
2. Auflage
Impressum
© 2021, Beate Reinermann
Illustrationen: Daniela Schoppmeier
Illustration Seite 31: Angela Coutsidis
Lektorat/Korrektorat: Klaus Reinermann
Coverdesign: Dream Design– Cover and Art
Herstellung und Verlag: BoD – Books on Demand,
Norderstedt

Hardcover ISBN: 978 375 573 291 4
Taschenbuch ISBN: 978 375 573 295 2

Bibliografische Informationen der Deutschen Nationalbibliothek: Die deutsche Nationalbibliothek verzeichnet diese Publikation in der Deutschen Nationalbibliografie; detaillierte bibliografische Daten sind im Internet über http://dnb.d-nb.de abrufbar.

Inhalt

Hallo,

ich bin **Klara**, schon fast sechs Jahre alt und komme im

Sommer in die Schule. Ich lebe mit meiner *Mutter*

zusammen. Meinen Vater kenne ich nicht.

Meine Mama hat mir erklärt, dass sie und mein Vater
sich nicht mehr gut verstanden und viel gestritten haben.
Deswegen wollten sie nicht mehr zusammen sein.
Leider kommt mein Vater mich auch nicht besuchen.
Das verstehe ich nicht und finde es voll doof.

Mama sagt, dass sie es auch nicht versteht und er dann eben ganz viel Pech hat, wenn er mich nicht kennenlernt und nicht sieht, was ich für ein tolles Mädchen bin.

Sie sagt auch, dass ich daran keine Schuld habe, aber das weiss ich ja selber. Ich bin ja kein Dummi. Hihi.
Und allein bin ich schon gar nicht.

Außer meiner Mama habe ich noch Omas, Opas, Uroma,
Uropa, Tanten und Onkel. Und natürlich alle meine Freunde.
Darüber bin ich sehr froh! Wir malen oft zusammen,
machen Ausflüge, gehen schwimmen und vieles mehr.

Jeder von uns Freunden wächst ganz anders auf.
Das ist spannend. Mama sagt immer, wir Familien sind
wie eine Blumenwiese, wunderschön bunt. Familienbunt

Kennst du eigentlich meine Freunde?
Nein? Dann will ich sie dir mal vorstellen.
Und vielleicht wirst du staunen.

Das ist die **Greta.**

Sie ist meine aller-, allerbeste Freundin.

Greta hat keine Eltern und lebt lebt bei ihren **Großeltern,**
die sie ganz doll lieb hat.

Ich bin ganz oft bei Greta und wir machen viele tolle
Sachen zusammen. Mit ihr ist es nie langweilig.

Ihre Oma kocht das beste Apfelmus der Welt und erzählt
die spannendsten Geschichten. Gretas Opa fährt manchmal
mit uns in den Zoo, spielt und bastelt mit uns.

Sie haben ein Haus mitten im Wald. Das ist so cool.
Da spielen wir Verstecken oder suchen einen Schatz,
der irgendwo im Wald vergraben liegt. Das hat uns Gretas
Opa verraten und das darf außer uns niemand wissen.
Also pssst....!

Das sind **Jule** und **Jonas**,

die beiden sind Zwillinge. Auch wenn sie nicht
genau gleich aussehen. Das nennt man dann
zweieiige Zwillinge. Lustiger Name, ne?
Sie sind sieben Jahre alt und in der Klasse von Renate
Schnabbelschnute. Eigentlich heisst die Lehrerin Renate
Schnabel, aber weil sie so viel und so schnell spricht,
heißt sie bei allen Kindern nur Schnabbelschnute.

Jule und Jonas kennen ihre Mutter nicht, dafür haben sie

zwei Väter. Tim und Kai, so heißen sie, sind

miteinander verheiratet. Das finden alle vier super.
Tim sieht so jung aus, dass viele denken, er wäre Jules
und Jonas großer Bruder. Damit veräppeln sie die Menschen
auch manchmal. Hihi!

Wenn Tim und Kai von der Arbeit nach Hause kommen,
spielen sie ganz viel mit ihnen. Am liebsten Tischtennis.
Oder sie gehen schwimmen. Und am Wochenende, wenn
sie nicht arbeiten müssen, fahren sie oft nach Holland.
Da futtern sie dann Pommes und Fisch.
Manchmal fahren ich oder einer unserer anderen Freunde
auch mit.

Dann gibt es noch den **Finn**,

er lebt mit seiner **Mutter** und seinem **Vater**
zusammen, wie viele andere Kinder auch. Seine Eltern sind
toll und die drei verstehen sich super.

Finn ist mit Jule und Jonas in der Klasse von Renate
Schnabbelschnute. Er liebt das Wasser und möchte
der schnellste Schwimmer der Welt werden.

Weil seine Eltern viel arbeiten, ist Finn oft bei uns zu Hause.
Er hat meine Mama sehr gerne, weil sie fast nie schimpft,
wenn wir Quatsch gemacht haben, sondern uns immer genau
erklärt, was sie nicht gut fand.
Das ist viel besser, weil wir dann wissen, was wir falsch
gemacht haben und daraus lernen können.

Wenn Finn bei uns ist, spielen wir alle gemeinsam und gehen
oft zusammen schwimmen. Dann kommt mein Opa meistens
auch mit. Mama sagt immer: "Damit wir nicht untergehen."
Die Mama hat ja nur zwei Augen, da muss der Opa mit
aufpassen. Der hat nämlich auch noch zwei.

Jamila und **Malik** leben bei ihren **Pflegeeltern**
Barbara und Tom. Pflegeeltern nehmen Kinder, die keine
Eltern mehr haben, zu sich nach Hause. Oder die Kinder
haben Eltern, die nicht für sie sorgen können, weil sie
vielleicht krank sind. Auch dann helfen Pflegeeltern.

Jamila und Malik haben ihre Eltern durch eine schlimme
Krankheit verloren. Das ist sehr traurig, aber die Beiden
sind froh, dass sie Barbara und Tom haben, die immer gut
auf sie aufpassen und sie ganz doll lieb haben.

Meine beiden Freunde sind mit vielen anderen Menschen in einem kleinen Boot von Afrika aus über das große Meer gefahren. Bis zu uns nach Deutschland. Viele Menschen flüchten von dort, weil sie kaum etwas zu essen haben.

Jamila ist fünf und Malik sieben Jahre. Jamila geht noch in meine Kita und Malik ist zusammen mit Jule, Jonas und Finn in der Klasse von Renate Schnabbelschnute. Und weil sie noch nicht lange in Deutschland sind, sprechen sie noch nicht gut Deutsch. Sie bekommen jeden Tag Deutschunterricht, damit sie unsere Sprache ganz schnell lernen und wir uns mit ihnen besser unterhalten können. Wenn wir uns verstehen, macht das Spielen viel mehr Spaß.

Jannis

ist ein Spaßvogel, so wie ich. Er ist fast sieben Jahre und schon in der Schule. Er lebt mit seinem **Vater** zusammen. Seine Mutter kommt nie zu Besuch und er kennt sie auch nicht. So wie bei mir mit meinem Vater. Hmmm... vielleicht kennen die sich ja?

Jannis findet das aber nicht so schlimm. Er sagt immer, dann hat er seinen Papi eben für sich ganz allein.

Er spielt gern Fußball und übt fast jeden Tag. Wenn er
groß ist, möchte er ein berühmter Fußballstar sein.
Wir haben schon oft zusammen gespielt.
Natürlich auch mit unseren anderen Freunden.
Das war echt cool und hat uns viel Spaß gemacht.

Sein Vater ist auch ein Fußballfan und geht oft mit ihm ins
Stadion. Meine Mama mag Fußball nicht so sehr.
Sie sagt immer: „Lustiger Sport, rennen alle hinter einem
Ball her und wenn sie ihn dann haben, schießen sie ihn
wieder weg." Meine Mama ist manchmal echt witzig. Hihihi.

Lina lebt in einem **Kinderheim**. Es ist ein sehr großes Kinderheim. Mit ihr leben dort über 100 große und kleine Kinder. Sie wohnen nicht alle zusammen in einem Haus. Das wäre ja viel zuviel, sondern in verschiedenen Häusern und Wohnungen. Lina ist fünf Jahre alt und wohnt in der Gruppe für kleine Kinder.

Jede Gruppe hat eine Wohnung oder sogar ein ganzes Haus für sich allein. Dort gibt es Erzieher und Erzieherinnen und eine Frau, die kocht und putzt. Die Chefs vom Kinderheim sind Frau Anna Nass und Herr Ernst Lustig. Die beiden passen auf, dass es allen Kindern gut geht.

18

Linas Eltern sind leider so krank, dass sie nicht auf sie aufpassen können. Dann gibt es auch noch Eltern, die nicht lieb zu ihren Kindern sind und diese deswegen lieber zu Anna Nass und Ernst Lustig ins Kinderheim möchten. Dort haben sie es gut und alle sind nett zueinander.

Ich war schon ganz oft dort, um Lina zu besuchen. Da kann man toll spielen, weil das Haus so groß ist und wir viel Platz haben. Hinter dem Haus gibt es noch einen riesigen Garten mit einem tollen Spielplatz und einem Fußballplatz für die Großen.

Noah ist schon neun Jahre alt und lebt mit seiner

Mutter und seinem **Stiefvater** zusammen. Seine
Eltern hatten sich getrennt. Noah sagt: "Das ist besser so."
Die beiden haben sich so oft gestritten und dadurch waren
sie und auch er immer ganz traurig.

Seitdem seine Eltern nicht mehr zusammen wohnen,
verstehen sie sich wieder viel besser.
Alle sind zufriedener und lachen wieder viel miteinander.
Sie streiten fast gar nicht mehr und schimpfen kaum noch
mit Noah.

Seine Mama hat einen anderen Mann kennengelernt,
mit dem er sich gut versteht.

Und sein Vater hat eine andere Frau geheiratet, die er
sehr nett findet. Er ist jetzt jedes zweite Wochenende

bei seinem **Vater** und Jana, seiner**Stiefmutter**.
Dort hat er ein noch größeres Zimmer als bei seiner
Mutter und seinem Stiefvater.

Noah hat jetzt noch zwei liebe Menschen mehr in seiner Familie.

Jetzt, wo seine Eltern glücklich sind, ist auch Noah viel fröhlicher geworden.

Lasse lebt in einem **SOS-Kinderdorf** hier bei uns in der Stadt. Seine Eltern können nicht für ihn sorgen, weil sie sehr krank sind.

Lasse kann im Moment leider nicht laufen.
Er hatte einen Unfall und braucht einen Rollstuhl.
Aber Gott sei Dank nicht für immer. Bald kann er wieder mit uns toben.

In dem Dorf, in dem Lasse lebt, gibt es sechs Häuser und in jedem Haus gibt es eine SOS-Kinderdorf-Mutter oder einen Kinderdorf-Vater. Jede Mutter und jeder Vater lebt mit mehreren Kindern zusammen in einem Haus. Lasse lebt mit sieben anderen Kindern und seiner Kinderdorf-Mutter zusammen.
Sie macht alles das, was auch eine richtige Mutter macht und sie verstehen sich alle gut, sagt Lasse.

SOS-Kinderdörfer gibt es viele, überall auf der Welt.
Lasse ist schon groß, er ist schon zehn Jahre alt und ein Freund von Noah. Aber wir spielen alle viel zusammen und jetzt ist er auch mein Freund.
Er liebt Dinosaurier und weiß sogar, wie sie alle heißen.
Außerdem liest er jedes Buch über Astronauten, das er finden kann.

In seinem Zimmer hat er einen ganz tollen Sternenhimmel
an der Decke. Und wenn es dunkel ist, leuchten sie.
Dann liegen wir Freunde auf dem Boden und sehen uns
seinen Sternenhimmel an. Das sieht so schön aus.

Lasse möchte später, wenn er groß ist, Astronaut werden
und mit einer Rakete zum Mond fliegen.
Dann schickt er uns von dort oben viele wunderschöne,
leuchtende Sterne auf die Erde. Das hat er uns versprochen.
Und vielleicht findet er dort oben ja auch noch Dinosaurier.

Darf ich vorstellen, das ist die **Suse**. Neiiin, sie ist keine

Heulsuse! Hihi. Sie lebt mit ihren *zwei Mütter*n zusammen.

Sie sagt immer Mama 1 und Mama 2 zu ihnen. Hihi...
Natürlich haben ihre Mütter richtige Namen. Sie heißen
Helene und Johanna, aber die drei finden Mama 1 und
Mama 2 lustig. Suse hat ihre beiden Mütter voll lieb und
die Drei machen ganz viel zusammen.

Helene und Johanna haben immer ganz tolle Ideen.
Im letzten Sommer waren sie alle jedes Wochenende auf
einem Flugplatz und haben einen Segelflugkurs gemacht.
Genau so wie meine Oma. Die ist schon mal eine Stunde
allein geflogen. Natürlich mit einem Fluglehrer hinten drin.
Dem war nachher ganz schwindelig, weil meine Oma so doll
gewackelt hat. Hihi.

Suse war auch total schwindelig, als sie wieder auf dem Boden war. Sie sagt, sie fährt doch lieber Fahrrad. Das kann sie auch schon sehr gut. Ich nicht. Ich falle immer um. Bumm. Dafür kann ich ganz toll malen und schwimmen. Und ich renne so schnell wie der Blitz. Das sagt meine Oma immer.

Wenn ich groß bin, werde ich entweder Malerin, Ärztin, Schwimmerin oder die schnellste Läuferin der Welt. Hmmm... oder alles zusammen! Ich kann alles werden was ich will! Ich muss nur fleißig üben und darf nie, nie aufgeben sagt meine Omi.

Flori ist genau wie Malik, Finn, Jule und Jonas in der Klasse von

Renate Schnabbelschnute. Er hat eine **Kinderfrau**, die Julia.

Sie passt jeden Tag auf ihn auf, dass er immer seine Zähne putzt, gesund isst und beim Essen nicht pupst. Dass er seine Hausaufgaben ordentlich macht und nicht frech ist. Sie fährt ihn zum Schwimm- und zum Musikunterricht.

Das Essen kocht die Erika, eine liebe **Hauswirtschaftskraft**.

Sie hält auch das ganze Haus sauber und bügelt. Julia schläft im Haus und ist immer da, wenn Flori Hilfe braucht. Erika geht nachmittags zu sich nach Hause.

Warum das nicht alles seine Eltern machen? Weil die viel arbeiten müssen. Sie arbeiten in Italien. Das ist so weit weg, dass sie nicht jeden Tag nach Hause kommen können.

Flori liebt Schwimmen und Musik. Er lernt Gitarre spielen und wird einmal ein großer Sänger, den alle Menschen kennen. Das sagt er immer. Und er schafft das auch.

Flori, Jannis, Noah, Greta, Suse und ich haben vor Weihnachten in der Kirche im Chor gesungen. Das hat uns super viel Spaß gemacht.

Emmi lebt in einem *Internat*. Was das ist, fragst du dich gerade? Ein Internat ist eine Schule, in der die Kinder auch wohnen. Sie frühstücken dort, essen zu Mittag und zu Abend. Und sie schlafen dort.

Wenn sie keinen Unterricht haben, spielen sie miteinander. Sie sind aber nur selten zu Hause. Emmi nur in den Ferien und zu Weihnachten. Manchmal ist sie deswegen traurig, aber ihre Eltern müssen viel arbeiten, da haben sie nicht so viel Zeit, sich mehr um Emmi zu kümmern.

Wenn Emmi zu Hause ist, ruft sie mich oft an und wir verabreden uns zum Spielen. Emmi spielt am liebsten Verkleiden. Wenn sie groß ist, möchte sie eine Schauspielerin werden und genauso berühmt sein wie Bibi Blocksberg. Hihi.

Gestern haben wir uns als Geister verkleidet und Jannis und Greta erschreckt.
Bei Emmi haben wir viel Platz zum Spielen. Ihr Zuhause ist fast so groß wie das Kinderheim von Anna Nass und Ernst Lustig.

Und jetzt haltet euch fest, hier kommen noch drei Freunde von uns. Und die gehören alle zu einer Familie, obwohl sie nicht die selben Eltern haben.

Malu und **Lotta** sind mit ihrer **Mama** Jenny und mit

Moritz und seinem **Vater** Ben zusammengezogen.

Das kam so:
Die Eltern von Malu und Lotta hatten sich getrennt.
Und dasselbe hat Moritz mit seinen Eltern erlebt.
Dann haben sich Jenny und Ben ineinander verliebt.
Jetzt wohnen alle fünf zusammen in einer Wohnung.

Das nennt man Patchworkfamilie.

Malu und Lotta sehen ihren Papa, wann immer sie können.
Und Moritz sieht seine Mama jedes Wochenende.

Sie verstehen sich alle sehr gut und unternehmen viel miteinander. Oft spielen sie Tischtennis, Federball oder Handball. Das lieben sie alle.

Was sagst du jetzt? Wir sind ein ganz schön bunter Haufen, oder? Und jeder hat andere Interessen.

Was interessiert dich? Wenn du das noch nicht weißt, ist es überhaupt nicht schlimm. Dann überlegst du eben noch. Dir fällt ganz bestimmt bald irgend etwas ein, was dir Spaß macht.

Ganz egal, mit wem du zusammen lebst und egal
was andere Menschen über dich sagen, du kannst alles
schaffen. Du musst es nur wollen, selber an dich glauben
und darfst niemals aufgeben.

Du bist etwas ganz Besonderes!

33

Weisst du wer wer ist? Rate mal!

Klara

Greta

Emmi

Finn

Malik

Jamila

Lasse

Und weisst du wer hier fehlt? Tipp: Es fehlen drei Kinder.

Lina

Jule

Jonas

Jannis

Suse

Flori

Noah

Dieses kleine Buch wurde mit ganz viel Liebe
geschrieben von:

Beate Reinermann,

geboren 1962 in Herne, im Ruhrgebiet.

Lektorat und Korrektorat:

Klaus Reinermann

geboren 1948 in Dülmen.
Insgesamt haben wir vier Kinder und sieben Enkelkinder.

Und mit genauso viel Liebe illustriert von:

Daniela Schoppmeier